Beweglichkeits- und Koordinationstraining für einen Handballspieler. Ein Trainingsplan

Bibliografische Information der Deutschen Nationalbibliothek:

Die Deutsche Nationalbibliothek verzeichnet diese Publikation in der Deutschen Nationalbibliografie; detaillierte bibliografische Daten sind im Internet über http://dnb.d-nb.de abrufbar.

ISBN: 9783346236753
Dieses Buch ist auch als E-Book erhältlich.

Druck und Bindung: Books on Demand GmbH, Norderstedt Germany
Gedruckt auf säurefreiem Papier aus verantwortungsvollen Quellen

Das vorliegende Werk wurde sorgfältig erarbeitet. Dennoch übernehmen Autoren und Verlag für die Richtigkeit von Angaben, Hinweisen, Links und Ratschlägen sowie eventuelle Druckfehler keine Haftung.

Das Buch bei GRIN: https://www.grin.com/document/916488

Deutsche Hochschule für

Prävention und Gesundheitsmanagement

Hermann Neuberger Sportschule 3

66123 Saarbrücken

Einsendeaufgabe

Fachmodul: Trainingslehre 3

Studiengang: Sportökonomie

Datum
Präsenzphase: 08.06.2020 - 10.06.2020

Inhaltsverzeichnis

1   Personendaten

In einem Anamnesegespräch mit dem Probanden wurden alle für die Trainingsplanung relevanten Daten gesammelt und in der nachfolgenden Tabelle zusammengefasst.

Tab. 1: Allgemeine Daten der Person (eigene Darstellung, 2020)

Alter	27 Jahre
Geschlecht	männlich
Körpergröße	1,87
Körpergewicht	82 kg
Trainingsmotive	-Ausgleich zur sitzenden Tätigkeit im Büro
	-Verbesserung & Erhaltung der Beweglichkeit sowie der koordinativen Fähigkeiten
	-Verletzungsprophylaxe
Berufliche Tätigkeit	Bankkaufmann
Aktuelle sportliche Aktivität	Handball seit 15 Jahre, Rechtshänder, Position: Rückraum, Trainingsumfang: 2-3 Mal pro Woche 90 Minuten Handballtraining, zusätzlich während der Saison 1 Spiel pro Wochenende á 60 Minuten,
Frühere sportliche Aktivität	Turnen im Alter zwischen 4-13 Jahren , drei Trainingseinheiten á 90 Minuten pro Woche
Zeitlicher Verfügungsrahmen	3 Einheiten pro Woche á 30-45 Minuten
Allgemeiner Gesundheitszustand (orthopädische und internistische Probleme, ärztliche Behandlungen, Einnahme von Medikamenten)	Die Testperson hat keinerlei körperliche Einschränkungen. Ebenfalls befindet sie sich nicht in ärztlicher Behandlung und nimmt derzeit keine Medikamente ein.
Leistungsstufe	Fortgeschrittener

Der Proband weist keine gesundheitlichen Einschränkungen auf, die bei der Trainingsplanung Rücksichtnahme erfordern. Die aktuelle sportliche Aktivität lässt darauf schließen, dass sich der Proband in einem guten körperlichen Fitnesszustand befindet. Durch die hohen koordinativen Anforderungen des Handballsports ist davon auszugehen, dass der Proband einen entsprechend guten Leistungszustand aufweist. Durch die

Turnaktivität in jungen Jahren ist womöglich noch ein Maß an Beweglichkeit vorhanden. Somit ist ein breites Spektrum an Beweglichkeits- sowie Koordinationsübungen durchführbar.

2 Beweglichkeitstestung

2.1 Beschreibung der manuellen Beweglichkeitstestung mit Richt- bzw. Normwerten

Damit ein Trainingsprogramm für den Probanden erstellt werden kann, wird zunächst eine Beweglichkeitstestung mit dem Probanden durchgeführt. Hierfür wird das vereinfachte Testverfahren zur Beweglichkeitsdiagnostik in Anlehnung an die Muskelfunktionsüberprüfung nach Janda (2000) angewendet. Es werden die Brustmuskulatur, Hüftbeugemuskulatur, Kniestreckmuskulatur, Kniebeugemuskulatur und Wadenmuskulatur getestet. Die Ausführung sowie die Richtlinien bzw. Normwerte können aus der folgenden Tabelle entnommen werden.

Tab. 2: Detaillierte Beschreibung der manuellen Beweglichkeitstestung mit Richt- bzw. Normwerten nach Janda (2000) (eigene Darstellung, 2020)

Brustmuskulatur (M. pectoralis major)	
Ausführung	
Der Proband legt sich mit dem Rücken auf eine Behandlungsliege. Das Schultergelenk schließt am Rand der Liege ab. Zur Beckenfixierung werden die Beine angewinkelt und die Füße aufgestellt. Becken und Lendenwirbelsäule (LWS) müssen während des Tests fixiert bleiben, um ein verfälschtes Testergebnis durch Abheben des Beckens oder einer Hyperlordose in der LWS zu vermeiden. Die LWS kann durch eine angespannte Bauchmuskulatur stabilisiert werden. Der Tester fixiert mit seiner Hand den Thorax des Probanden, indem er einen leichten Zug diagonal weg von der zu testenden Seite ausübt. Der zu testende Arm wird im Schultergelenk abduziert und nach außen rotiert. Das Ellenbogengelenk wird um 90° gebeugt. Die Position des Oberarmes zur Horizontalen dient als Messbereich.	
Auswertung	
Stufe 0	Keine Beweglichkeitsdefizite: Der Oberarm erreicht die Horizontale und kann durch leichten Druck des Testers unter die Horizontale geführt werden.

Stufe 1	Leichte Beweglichkeitsdefizite: Der Oberarm kann nur durch leichten Druck des Testers bis zur Horizontale bewegt werden.
Stufe 2	Deutliche Beweglichkeitsdefizite: Der Oberarm kann trotz Druck des Testers nicht bis zur Horizontale bewegt werden.

Hüftbeugemuskulatur (M. iliopsoas)

Ausführung

Der Proband legt sich mit dem Rücken auf eine Behandlungsliege. Das Gesäß schließt mit dem Rand der Liege ab, sodass sich die Beine im Überhang befinden. Der Proband winkelt ein Bein an und zieht es maximal an den Körper heran. Das zu testende Bein ist weiterhin im Überhang. Der Tester beobachtet die Hüftflexion des Testbeins. Als Messbereich gilt der Hüftbeugewinkel, d.h. die Position des Oberschenkels im Verhältnis zur Körperlängenachse. Um ein verfälschtes Testergebnis zu vermeiden, müssen Becken und LWS fixiert bleiben. Eine Stabilisierung erfolgt durch das Heranziehen des Beines und eine daraus resultierende maximale Hüftflexion. Zusätzlich kann die LWS fixiert werden, indem der Tester eine freie Hand unter die LWS des Probanden schiebt und diesen darauf Druck ausüben lässt.

Auswertung

Stufe 0	Keine Beweglichkeitsdefizite: Der Oberschenkel erreicht die Horizontale und kann durch leichten Druck des Testers unter die Horizontale geführt werden.
Stufe 1	Leichte Beweglichkeitsdefizite: Der Oberschenkel nur durch leichten Druck des Testers bis zur Horizontale bewegt werden.
Stufe 2	Deutliche Beweglichkeitsdefizite: Der Oberschenkel kann trotz Druck des Testers nicht bis zur Horizontale bewegt werden.

Kniestreckmuskulatur (M. rectus femoris)

Ausführung

Der Proband legt sich mit dem Rücken auf eine Behandlungsliege. Das Gesäß schließt mit dem Rand der Liege ab, sodass sich die Beine im Überhang befinden. Ein Bein wird angewinkelt und maximal zum Körper der Probanden herangezogen. Das zu testende Bein wird vom Tester bei maximalem Hüftextensionswinkel fixiert. Anschließend wird dieses Bein durch den Tester in den maximal möglichen Kniebeugewinkel bewegt. Zur Messung dient der Kniebeugewinkel, d.h. der Winkel zwischen Ober- und Unterschenkel. Um einem verfälschten Testergebnis vorzubeugen, müssen Becken und LWS fixiert werden. Dies geschieht durch die maximale Hüftflexion.

Auswertung

Stufe 0	Keine Beweglichkeitsdefizite: Der Unterschenkel befindet sich in einem 90° Kniebeugewinkel und

	kann durch den Tester darüber hinaus gebeugt werden.
Stufe 1	Leichte Beweglichkeitsdefizite: Der Unterschenkel ist etwas nach vorne gestreckt und kann nur mithilfe des Testers in einen 90° Kniebeugewinkel bewegt werden.
Stufe 2	Deutliche Beweglichkeitsdefizite: Der Unterschenkel ist deutlich nach vorne gestreckt und kann auch durch die Hilfe des Testers den 90° Beugewinkel nicht erreichen.

Kniebeugemuskulatur (Mm. ischiocrurales)

Ausführung

Der Proband legt sich mit dem Rücken auf eine Behandlungsliege. Das nicht zu testende Bein wird in Knie- und Hüftgelenk gebeugt. Der Tester führt das zu testende Bein, ohne Druck auf die Patella auszuüben und bei gestrecktem Kniegelenk in die maximal erreichbare Hüftflexion. Als Messbereich dient der Winkel zwischen Beinachse und Longitudinalachse – der Hüftbeugewinkel. Um ein verfälschtes Testergebnis zu vermeiden, müssen LWS und Becken fixiert bleiben. Das zu testende Bein muss gestreckt bleiben und auch das Gegenbein darf die Ausgangsposition nicht verlassen.

Auswertung

Stufe 0	Keine Beweglichkeitsdefizite: Ein Hüftbeugewinkel von 90° ist möglich.
Stufe 1	Leichte Beweglichkeitsdefizite: Ein Hüftbeugewinkel zwischen 80-90° ist möglich.
Stufe 2	Deutliche Beweglichkeitsdefizite: Ein Hüftbeugewinkel unter 80° wird erreicht.

Wadenmuskulatur (Mm. triceps surae)

Ausführung

Der Proband legt sich mit dem Rücken auf eine Behandlungsliege. Das zu testende Bein wird ausgestreckt, so dass die distale Hälfte des Unterschenkels über die Liege hinaus ragt. Das andere Bein steht gebeugt auf der Unterlage. Der Tester greift mit einer Hand das Bein distal am Fersenrand und mit der anderen an der Fußaußenkante. Der Tester zieht an der Ferse distalwärts und bewegt den Fuß in eine maximale Dorsalextension. Um den M. soleus einzeln zu testen, findet nach der maximalen Dorsalextension eine Beugung des Kniegelenks statt bei der der Tester versucht die Bewegungsamplitude zu erweitern. Zu beachten ist, dass der Druck auf die Fußsohle am äußeren Rand erfolgt, um eine reflektorische Verspannung der Mm. triceps surae und somit ein verfälschtes Testergebnis zu vermeiden.

Auswertung

Stufe 0	Keine Beweglichkeitsdefizite: Bei der Dorsalextension wird mindestens ein 90° Winkel zwischen Fuß und Unterschenkel erreicht.

| Stufe 1 | Leichte Beweglichkeitsdefizite: Die Dorsalexten-sion ist möglich in einem 80- 90° Winkel zwi-schen Fuß und Unterschenkel. |
| Stufe 2 | Deutliche Beweglichkeitsdefizite: Die Dorsalex-tension ist bis zu einem 80° Winkel zwischen Fuß und Unterschenkel möglich. |

2.2 Darstellung und Bewertung der Testergebnisse

Die nachfolgende Tabelle zeigt die Testergebnisse der manuellen Beweglichkeitstestung des Probanden. Die Testungen werden, wie in Tab. 2 beschrieben, durchgeführt und be-wertet.

Tab. 3: Darstellung der Ergebnisse der manuellen Beweglichkeitstestung (eigene Darstellung, 2020)

Muskel	Testergebnisse	
	Rechte Seite	Linke Seite
M. pectoralis major	Stufe 1	Stufe 0
M. iliopsoas	Stufe 0	Stufe 1
M. rectus femoris	Stufe 1	Stufe 1
M. ischiocrurales	Stufe 0	Stufe 0
Mm. triceps surae	Stufe 0	Stufe 1

Die Testergebnisse zeigen insgesamt leichte Beweglichkeitsdefizite auf. Diese können vermutlich auf die handballerische Aktivität zurückgeführt werden. Indiz hierfür ist zum Einen das Beweglichkeitsdefizit des M. pectoralis major auf der Wurfarmseite rechts. Zum Anderen weist der Proband in den unteren Extremitäten überwiegend auf der linken Seite, seinem Sprungbein, Defizite auf. Die Planung des Beweglichkeitstrainings soll des-halb auf den ganzen Körper, mit Fokus auf die unteren Extremitäten ausgelegt sein.

3   Trainingsplanung Beweglichkeitstraining

Auf Basis der Testergebnisse aus 2.2, sowie den Trainingsmotiven des Probanden wird in der nachfolgenden Tabelle das Dehnprogramm mit den zugehörigen Belastungspara-metern dargestellt.

Tab. 4: Trainingsplanung Beweglichkeitstraining (eigene Darstellung, 2020)

Belastungsgefüge	
Trainingshäufigkeit / Woche	3 Einheiten pro Woche
Sätze/ Übung	2 Sätze pro Übung (beidseitig)
Dehndauer	Statisch (aktiv/passiv): 45 Sekunden
	Dynamisch (aktiv/passiv): 15 Wiederholungen
	Postisometrisch: 56 Sekunden (Wechsel zwischen den Stufen: Isometrische Kontraktion (8 Sekunden) →völlige Muskelentspannung (3 Sekunden) → Dehnposition mit deutlichem Dehnreiz (15 Sekunden))
Intensität	Maximale Intensität

Dehnprogramm		
Dehnübung mit Zielmuskulatur	**Ausführung**	**Dehnform/Arbeitsweise**
1. Dehnung der Adduktoren in Sitzposition Zielmuskulatur: M. adductor brevis, M. adductor longus, M. adductor magnus, M. gracilis, M. pectineus	Ausgangsposition ist die Sitzposition. Beide Beine werden nach vorne gestreckt und so weit wie möglich abgespreizt. Um den Oberkörper zu stabilisieren, werden die Hände hinter dem Gesäß platziert. Um einen stärkeren Dehnreiz zu erzeugen, kann der Oberkörper mit geradem Rücken nach vorne gebeugt werden. Diese Position wird nun gehalten.	Statisch / passiv
2. Dehnung der Gesäßmuskulatur im Liegen Zielmuskulatur: M. glutaeus maximus, M. glutaeus medius, M. glutaeus minimus	Ausgangsposition ist die Rückenlage. Ein Fuß wird auf dem Boden aufgestellt und das andere Bein in der Hüfe nach außen rotiert. Der Unterschenkel wird auf der Oberschenkelvorderseite des aufgestellten Beins positioniert. Das aufgestellte Bein wird mit beiden Händen an der Oberschenkelrückseite gefasst und zum Oberkörper herangezogen.	Statisch/ passiv
3. Dehnung der Oberschenkelrückseite in Rückenlage	Ausgangsposition ist die Rückenlage. Zur Ausführung der Übung wird ein Handtuch oder Seil als Hilfsmittel	Postisometrisch/ passiv

Zielmuskulatur: M. biceps femoris, M. semimembranosus, M. semitendinosus	benötigt. Ein Fuß wird auf dem Boden aufgestellt, um eine Fixierung des Beckens herzustellen. Das andere Bein wird maximal gestreckt und in Richtung Decke bewegt. Mit beiden Händen wird nun um die Kniekehle gefasst. Durch eine Kontraktion der ischiocrualen Muskulatur wird versucht den Fuß Richtung Boden, gegen den Widerstand der Hände zu drücken (8 Sek.). Anschließend wird die Spannung für drei Sekunden gelöst, um dann mit dem mittig um den Fuß gelegten Handtuch das gestreckte Bein maximal zum Oberkörper heranzuziehen. Diese Dehnposition wird für 15 Sekunden gehalten ehe das Ganze von vorne beginnt.	
4. Dehnung Rückenstrecker im Vierfüßlerstand Zielmuskulatur: Mm. erector spinae	Ausgangsposition ist der Vierfüßlerstand. Die Wirbelsäule wird mithilfe einer Kontraktion der Bauchmuskulatur in dorsale Richtung gewölbt. Um einen dynamischen Dehnvorgang zu erhalten, wird die Bauchmuskulatur kurzzeitig entspannt und die Wirbelsäule nach unten gestreckt. Es folgt eine erneute Kontraktion der Bauchmuskulatur und die Wirbelsäule wird gewölbt.	Dynamisch / aktiv
5. Dehnung der Hüftbeugemuskulatur im Halbkniestand Zielmuskulatur: M.iliopsoas; M. rectus femoris	Ausgangsposition ist der Halbkniestand, d.h. ein Fuß wird aufgestellt, sodass das Kniegelenk um 90° gebeugt wird. Das hintere Bein liegt mit dem Unterschenkel auf dem Boden. Der Oberkörper wird mit Hilfe der Arme auf dem vorderen Bein abgestützt. Der Körperschwerpunkt wird nach vorneunten verlagert. Dabei wird der Oberkörper aufrecht gehalten. Die Dehnposition halten.	Statisch/ passiv

6. Dehnung der Wadenmuskulatur im Stand Zielmuskulatur: M. gastrocnemius, M. soleus	Ausgangsposition ist der Stand. Ein Bein wird gestreckt nach hinten gestellt wobei die Fußsohle komplett auf dem Boden aufsetzt. Das vordere Bein wird im Kniegelenk gebeugt und der Oberkörper nach vorne geneigt. Beide Fußspitzen zeigen nach vorne. Der Oberkörper bildet zusammen mit dem hinteren Bein eine Linie. Durch eine Verlagerung des Körperschwerpunkts nach vorne unten wird eine größere Dorsalextension im hinteren Bein erreicht und somit ein höherer Dehnreiz in der Wadenmuskulatur. Um eine dynamische Dehnung zu erhalten wird das vordere Bein im Wechsel gestreckt und gebeugt.	Dynamisch / passiv
7. Dehnung der vorderseitigen Oberschenkelmuskulatur im Stand Zielmuskulatur: M. quadriceps femoris	Ausgangsposition ist der aufrechte Stand. Ein Bein wird im Kniegelenk gebeugt und mit der gleichseitigen Hand oberhalb des Sprunggelenks gefasst. Die Ferse wird maximal in Richtung Gesäß geführt. Durch die Bewegung der Hüfte nach ventral wird die Dehnposition eingenommen. Die Dehnposition wird gehalten. Es ist darauf zu achten, dass die Oberschenkel während der Ausführung parallel zueinander bleiben.	Statisch / aktiv
8. Dehnung der seitlichen Rumpfmuskulatur im Seitgrätschstand Zielmuskulatur: M. latissimus dorsi, M. obliquus externus abdominis; M. obliquus internus abdominis	Ausgangsposition ist der leichte Seitgrätschstand. Die Arme werden senkrecht über den Kopf geführt und verschränkt, während der Thorax aufrecht gehalten wird. Das Becken wird gerade gehalten und der Oberkörper zur Seite gebeugt bis eine Dehnung auftritt. Durch eine Bewegung des Oberkörpers zurück zur Mitte wird die Dehnung kurzzeitig verringert, um	Dynamisch/ passiv

10

	anschließend die Dehnposition erneut einzunehmen.	
9. Dehnung der Brustmuskulatur im Stand Zielmuskulatur: M. pectoralis major; M. pectoralis minor; M. deltoideus anterior	Ausgangsposition ist der aufrechte Stand. Es wird sich seitlich an eine Wand gestellt und der Ellenbogen um 90° gebeugt. Ellenbogen und Unterarm üben Druck auf die Wand auf, indem der Oberkörper von der Wand weggedreht wird.	Statisch / passiv
10. Dehnung der Nackenmuskulatur im Stand Zielmuskulatur: M. trapezius pars descendes	Ausgangsposition ist der aufrechte Stand. Der Kopf wird zur Seite geneigt, der Blick bleibt nach vorne gerichtet. Die gegenüberliegende Schulter wird aktiv nach unten gezogen. Die Dehnposition wird gehalten.	Statisch / aktiv

Der Trainingsplan des Beweglichkeitstrainings besteht aus insgesamt zehn Dehnübungen. Aufgrund der im Beweglichkeitstest festgestellten Beweglichkeitsdefizite im Unterkörper bezieht sich die Hälfte der gewählten Dehnübungen auf diesen Bereich. Die weiteren Übungen sollen Beschwerden im Alltag vorbeugen, die durch die sitzende Tätigkeit entstehen können. Die durch Güllich & Krüger (2013, S. 483) empfohlenen Muskelgruppen wie Schultergürtel, Brust, Nacken, Rumpf, unterer Rücken, Hüfte, vordere sowie hintere Oberschenkelmuskulatur und die Unterschenkelmuskulatur werden bei der Übungsauswahl berücksichtigt. Das Trainingsprogramm beginnt mit Übungen auf dem Boden, da Übungen im Sitzen ein geringeres Verletzungsrisiko haben als Übungen im Stehen (Walker, 2012, S. 38).

Die Trainingshäufigkeit beträgt drei Einheiten pro Woche. Damit wird sowohl der zeitliche Verfügungsrahmen des Probanden berücksichtigt, als auch die Empfehlungen für die Anzahl der Trainingseinheiten zur Erhaltung der Beweglichkeit, welche bei 2-3 Einheiten pro Woche liegen (Rancour, Holmes, & Cipriani, 2009; Garber, et al., 2011). Es werden für jede Übung zwei Wiederholungen durchgeführt, um die theoretischen Empfehlungen von zwei bis vier Sätzen umzusetzen (Garber, et al., 2011). Die Dehnübungen werden mit maximaler Intensität ausgeführt, da dies zu signifikanteren Verbesserungen der Bewegungsreichweite führt als Dehnen mit submaximaler Intensität (Marschall, 1999).

Im Rahmen des Trainingsprogramms werden alle Dehnmethoden angewendet. Die statische Dehnmethode kennzeichnet sich dadurch, dass die Dehnposition langsam

11

eingenommen und gehalten wird. Durch die kontrollierte Bewegungsausführung besteht ein geringes Verletzungsrisiko, da sich die Muskelspindeln auf die größere Muskellänge einstellen können und dadurch der Dehnungsreflex nicht ausgelöst wird (Höss-Jelten, 2004, S. 22; Gimbel, 2014, S. 127). Die Dehndauer bei dieser Methode beträgt 45 Sekunden, da über eine längere Dauer kein Mehreffekt nachgewiesen werden kann.

Die dynamische Dehnmethode ist vom Verlassen und erneuten Einnehmen der Dehnposititon gekennzeichnet. Besonders in Sportarten mit schnellkraftorientierten Belastungen wird diese Methode oftmals genutzt. Deshalb kommt bei den Muskelgruppen, welche beim Handball auf diese Art beansprucht werden, beispielsweise seitliche Rumpfmuskulatur und Wade, diese Dehnmethode zur Anwendung. Durch die vom ZNS gesteuerten Bewegungsabläufe kann eine Verbesserung der inter- und intramuskulären Koordination bewirkt werden (Gimbel, 2014). Des Weiteren wird die Durchblutungssituation in der lokalen Muskulatur verbessert (Lindel, 2010, S. 30). Die Wiederholungsanzahl wird auf 15 festgelegt, da sich die Bewegungsreichweite gemäß Marschall (1999) und Freiwald (2004) erst nach dieser Wiederholungsanzahl verbessert.

Bei der postisometrischen Dehnung wird die Dehnposition und isometrische Spannung der zu dehnenden Muskulatur acht Sekunden lang eingenommen. Es folgt eine Entspannungsphase von drei Sekunden, um anschließend für 15 Sekunden erneut eine Dehnposition einzunehmen (Gimbel, 2014).

Die Arbeitsweisen der Muskulatur werden in aktiv und passiv unterteilt. Die aktive Dehnung erfolgt durch die Kontraktion der antagonistischen Muskulatur wodurch diese gekräftigt werden kann. Diese Arbeitsweise kann allerdings nicht angewendet werden, wenn Antagonist und Agonist eine muskuläre Dysbalance vorweisen.

Bei der passiven Dehnung wird durch externe Faktoren die Dehnposition eingenommen. Somit ist diese Art auf jede Muskulatur anwendbar.

4   Trainingsplanung Koordinationstraining

Die folgende Tabelle stellt den Trainingsplan für das Koordinationstraining mit den zugehörigen Belastungsparametern dar. Das Koordinationstraining wird barfuß durchgeführt.

Tab. 5: Trainingsplanung Koordination (eigene Darstellung, 2020)

Allgemeines Belastungsgefüge		
Trainingshäufigkeit pro Woche:	3 Einheiten pro Woche	
Belastungsdauer:	15-20 Minute	
Koordinationstraining		
Übung	**Ausführung**	**Übungsspezifische Belastungsparameter**
1. Einbeinstand rechts/links	Ausgangsposition ist der Stand. Ein Bein wird im Kniegelenk gebeugt und in Richtung Gesäß gezogen. Diese Position wird gehalten. Es folgt ein Beinwechsel nach Ablauf der angegebenen Belastungszeit.	Satzzahl: 2 Belastungszeit/Satz: 20 Sekunden pro Bein Pausenzeit: 30 Sekunden
2. Einbeinstand rechts/links mit Ball werfen	Ausgangsposition ist der Stand mit Blickrichtung zu einer Wand. In einem Abstand von einem Meter zur Wand wird der Einbeinstand eingenommen. Es wird von einem dahinterstehenden Partner ein Ball auf die Wand geworfen, welcher vom Stehenden gefangen und zurückgespielt wird.	Satzzahl: 2 Belastungszeit/Satz: 20 Sekunden pro Bein Pausenzeit: 30 Sekunden
3. Kniestand auf dem Pezziball	Ausgangsposition ist der Stand. Mit beiden Unterschenkeln wird auf den Pezziball gekniet und diese Position über die vorgegeben Zeit ausbalanciert	Satzzahl: 2 Belastungszeit/ Satz: 30 Sekunden Pausenzeit: 30 Sekunden
4. Vierfüßlerstand auf dem Pezziball	Ausgangsposition ist der Stand. Es wird der Vierfüßlerstand auf dem Pezziball eingenommen, d.h. Unterschenkel und Hände berühren den Ball. Diese Position wird die vorgegebene Zeit eingehalten	Satzzahl: 2 Belastungszeit/Satz: 30 Sekunden Pausenzeit: 30 Sekunden

5. Vierfüßlerstand auf dem Pezziball mit abwechselndem Heben der Arme	Ausgangsposition ist der Stand. Es wird der in der vorangegangenen Übung erläuterte Vierfüßlerstand auf dem Pezziball eingenommen. Abwechseln werden rechter und linker Arm abgehoben, während der restliche Körper die Position auf dem Pezziball beibehält.	Satzzahl: 2 Belastungszeit/Satz: 10 Wiederholungen pro Arm Pausenzeit: 30 Sekunden
6. Ausfallschritt mit vorderem Bein auf Airex-Kissen	Ausgangsposition ist der Stand. Ein Bein wird nach vorne auf das Airex-Kissen gestellt. Aus dieser Schrittstellung folgt ein Ausfallschritt, d.h. das hintere Bein wird im Kniegelenk gebeugt und in Richtung Boden bewegt. Nach kurzem Halten der Position wird in die Schrittstellung zurückgekehrt und es folgt eine erneute Ausführung. Nach Absolvierung aller Wiederholungen erfolgt ein Beinwechsel.	Satzzahl: 2 Belastungszeit/Satz: 12 Wiederholungen pro Bein Pausenzeit: 30 Sekunden
7. Stand auf dem Bosu	Ausgangsposition ist der Stand. Der Bosu wird mit der weichen Seite nach oben schauend auf den Boden gelegt. Beide Füße werden hüftbreit auf dem Bosu positioniert und das Gleichgewicht gehalten.	Satzzahl: 2 Belastungszeit/Satz: 30 Sekunden Pausenzeit: 30 Sekunde
8. Kniebeuge auf dem Bosu	Ausgangsposition ist der Stand. Der Bosu wird mit der weichen Seite nach oben schauend auf den Boden gelegt. Es werden zunächst die Füße hüftbreit auf dem Bosu positioniert und anschließend eine Kniebeuge ausgeführt.	Satzzahl: 2 Belastungszeit/Satz: 12 Wiederholungen Pausenzeit: 30 Sekunden
9. Stand auf dem Bosu mit Achterkreisen	Ausgangsposition ist der Stand. Der Bosu wird mit der weichen Seite nach oben zeigend auf den	Satzzahl: 2 Belastungszeit/Satz: 30 Sekunden

	Boden gelegt. Beide Beine werden hüftbreit auf dem Bosu positioniert. Der Oberkörper wird nach vorne gebeugt und ein Ball in einem „Achter" durch die Beine gegeben.	Pausenzeit: 30 Sekunden
10. Einbeinsprung von Bosu zu Bosu	Ausgangsposition ist der Stand. Der Bosu wird mit der weichen Seite nach oben gerichtet auf den Boden gelegt. Zunächst werden beide Beine hüftbreit auf dem Bosu positioniert. Dann wird ein Bein abgehoben und in Richtung Gesäß gezogen. Das Standbein führt eine Absprungbewegung aus. In der Flugphase erfolgt ein Beinwechsel, sodass mit dem anderen Bein gelandet wird. Sobald das Bein stabilisiert ist erfolgt der selbe Bewegungsablauf.	Satzzahl: 2 Belastungszeit/Satz: 10 Wiederholungen Pausenzeit: 60 Sekunden

Das Koordinationsprogramm besteht aus insgesamt zehn verschiedenen Übungen. Der Fokus liegt dabei auf die Stabilisierung, der im Handballsport besonders beanspruchten Körperpartien wie Rumpfmuskulatur, Sprung- und Kniegelenk. Die Übungen werden nach einem Aufwärmprogramm von zehn Minuten durchgeführt, da zu diesem Zeitpunkt die Konzentrationsfähigkeit des Trainierenden am höchsten ist (Häfelinger & Schuba, 2013, S. 73). Alle Übungen werden barfuß durchgeführt, da Schuhe bei den Übungen unterstützen und damit nicht die gesamte Sensorik der Fußsohle gefordert wird, wodurch wiederum keine Rückmeldung über die Stabilität im Fuß erhalten wird (Zägelein, 2013, S. 223).

Die Anzahl an Trainingseinheiten pro Woche beträgt drei. Die einzelnen Einheiten dauern zwischen 15-20 Minuten, da der Trainierende bereits eine gewisse Grundlage koordinativer Fähigkeiten mit sich bringt. Für jede Übung wurden zwei Sätze festgelegt, da die koordinativen Fähigkeiten nur durch mehrfache Wiederholungen verbessert werden

(Güllich & Krüger, 2013, S. 486). Ebenfalls werden die meisten Übungen im Laufe des Trainings durch Zusatzaufgaben erschwert, um das motorische Lernen zu begünstigen (Chwilkowski, 2006, S. 56).

Die statischen Übungen werden über eine Dauer von 20-30 Sekunden ausgeführt. Für die dynamischen Übungen werden 10-12 Wiederholungen angesetzt. Die Pausenzeit variiert je nach Anstrengungsgrad der Übung. Sowohl Belastungsdauer als auch Pausenzeit sind angelehnt an die Empfehlungen von Häfelinger & Schuba (2013, S.58f.).

Die Trainingseinheit beginnt mit statischen Übungen und geht in dynamische Übungen über. Des Weiteren wird zu Beginn auf einer ebenen Fläche trainiert, die dann gegen Pezziball, Bosu und Airex-Kissen getauscht wird. Hierdurch kann Einfluss auf die Umstellungs- bzw. Anpassungsfähigkeit genommen werden.

Durch die Nutzung unebener Oberflächen sowie der Ausführung des Einbeinstandes wird die Gleichgewichtsfähigkeit stark gefordert. Durch die zusätzliche Kombination verschiedener Übungsanweisungen wird insbesondere die Kopplungs- bzw. Kombinationsfähigkeit gestärkt. Durch die Ausführung mehrgelenkiger Übungen, wie dem Ausfallschritt, wird ebenfalls Einfluss auf die Differenzierungs- und Steuerfähigkeit genommen. Zur Steigerung der Reaktionsfähigkeit dient die Ballwurfübung im Einbeinstand.

Die Auswahl der Übungen fordert sowohl die inter- als auch intramuskuläre Koordination des Trainierenden.

5 Literaturrecherche

In der folgenden Tabelle werden die Ergebnisse zweier Studien zum Thema „ Effekte des Dehnens im Hinblick auf eine Verbesserung der sportlichen Leistungsfähigkeit" dargestellt.

Tab. 6: Literaturrecherche zum Thema „Effekte des Dehnens im Hinblick auf eine Verbesserung der sportlichen Leistungsfähigkeit" (eigene Darstellung, 2020)

Studie 1: „Dehnen- eine sinnvolle Vorbereitungsmaßnahme im Sport?"	Studie 2: „Einfluss unterschiedlicher Dehntechniken auf die reaktive Leistungsfähigkeit"
Wer hat die Studie durchgeführt?	
Josef Wiemeyer	Björn Begert und Dr. Martin Hillebrecht
In welchem Jahr wurde die Studie publiziert?	
2002	2003

Welche Forschungsfrage wurde untersucht?	
Welche kurz- und langfristigen Effekte besitzt Dehnen im Rahmen des Aufwärmprogramms auf die sportliche Leistungsfähigkeit?	Welchen Einfluss hat die Anwendung differenzierter Dehntechniken auf die Reaktivkraft?
Mit welchen Versuchspersonen wurden die Studien durchgeführt?	
In Experiment Eins wurden 23 Basketballspieler aus der Bezirksklasse mit einem durchschnittlichen Alter von 23,6 Jahren getestet. In Experiment Zwei wurde 17 Jugendliche aus der Leichtathletik mit einem durchschnittlichen Alter von 13,9 Jahren getestet.	35 Sportstudenten der Universität Oldenburg. Davon sind 19 männlich und 16 weiblich. Das Durchschnittsalter beträgt 25 Jahre. Durch einen Vortest wurden die folgenden drei Gruppen gebildet: Statische Dehnung (SD), Dynamische Dehnung (DD) und Kontrollgruppe (KG). Alle drei Gruppen weisen ähnliche Fähigkeiten in Beweglichkeit und reaktiver Leistungsfähigkeit auf.
Wie sah der Versuchsaufbau der Studien aus?	
In Experiment Eins absolvierten die Spieler ein standardisiertes Aufwärmprogramm, welches aus 10 Minuten Einlaufen, 30m Sprunglauf, 5 Hockstrecksprüngen und 2 Testsprüngen bestand. Anschließend wurden drei Vertikalsprünge ausgeführt. Es folgten entweder 5 Minuten Pause oder eine passiv-statische Dehnung in drei Sätzen von 20 Sekunden von M. glutaeus maximus, M. quadriceps femoris und M. gastrocnemius. Anschließend wurden erneut drei Vertikalsprünge ausgeführt. In Experiment Zwei führten die Sportler bereits vor dem Aufwärmen drei Vertikalsprünge durch. Nach einem Aufwärmprogramm, das drei Minuten Seilspringen umfasste, folgten weitere drei Vertikalsprüngen. Nun wurde entweder eine dreiminütige Pause oder ein passiv-statisches Dehnen, wie in Experiment Eins beschrieben, durchgeführt. Erneut wurden drei Vertikalsprünge ausgeführt.	Zur Messung der reaktiven Leistungsfähigkeit wird der Drop-Jump genutzt. Die Dehnbarkeit der Muskulatur in den unteren Extremität wurden durch den Straight-Leg-Test bewertet. Die Messungen zur reaktiven Leistungsfähigkeit erfolgten direkt vor und nach, sowie 30 Minuten nach Beendigung der Dehnung. Bei der Absolvierung des Dehnprogramms der unteren Extremitäten wurde darauf geachtet, dass SD und DD gleichartige Übungen ausführten. Die Übungen bezogen sich auf die ischiocruale Muskulatur, M. quadriceps femoris sowie M. triceps surae.
Welche relevanten Ergebnisse und Schlussfolgerungen lieferten die Studien?	
In Experiment Eins konnten die Spieler nach einer Pause ihre zuvor erbrachte Sprungleistung bestätigen oder sogar verbessern. Nach dem statischen Dehnen hingegen sank die Sprungleistung deutlich.	Die Dehnmethoden konnten eine höhere Bewegungsreichweite im Straight-Leg-Test erreichen in im Vergleich zur KG. Die KG konnte im Reaktivtest ihre Leistungen relativ konstant halten und hatte ausschließlich im

In Experiment Zwei konnten nach dem Aufwärmen bessere Sprungleistungen erzielt werden als vor dem Aufwärmen. Nach der Pause konnte die Sprungleistung von vor dem Aufwärmen deutlich übertroffen werden. Nach dem Dehnen sinkt die Sprungleistung auf das Niveau vor dem Aufwärmen zurück.

letzten Durchgang einen minimalen Rückgang zu verzeichnen.

Bei der SD nahmen die Leistungen vom Test vor dem Dehnprogramm zum Test nachher deutlich ab. Ein weiterer Abfall war zwischen den beiden letzten Tests zu verzeichnen.

Die DD konnte ähnlich wie die KG ähnliche Leistungen in allen Testungen ausweisen.

Zusammengefasst verursacht kurzzeitiges, statisches Dehnen eine Verringerung der reaktiven Leistungsfähigkeit, während dynamisches Dehnen keinen signifikanten Einfluss auf die reaktive Leistungsfähigkeit besitzt.

6 Literaturverzeichnis

Begert, B., & Hillebrecht, M. (2003). Einfluss unterschiedlicher Dehntechniken auf die reaktive Leistungsfähigkeit. *Spectrum der Sportwissenschaften , 15* (1), S. 6-25.

Chwilkowski, C. (2006). *Medizinisches Koordinationstraining.* Deutscher Trainer-Verlag.

Freiwald, J. (2004). *Dehnen- Legenden, Fakten, Vortrag.* Waldenburg.

Garber, C. E., Blissmer, B., Deschenes, M. R., Franklin, B., Lamonte, M., Lee, I.-M., et al. (Juli 2011). Quantity and Quality of Exercise for Developing and Maintaining Cardiorespiratory, Musculoskeletal, and Neuromotor Fitness in Apparently Healthy Adults: Guidance for Prescribing Exercise. *Medicine & Science in Sports & Exercise , 43* (7), S. 1334–1359.

Gimbel, B. (2014). *Körpermanagement.* Heidelberg: Springer-Verlag.

Güllich, A., & Krüger, M. (2013). *Sport- Das Lehrbuch für das Sportstudium.* Heidelberg: Springer Verlag.

Häfelinger, U., & Schuba, V. (2013). *Koordinationstherapie: propriozeptives Training.* Meyer & Meyer Verlag.

Höss-Jelten, C. (2004). *Untersuchungen zu den unmittelbaren Wirkungen verschiedener Dehnmethoden auf ausgewählte Kraftparameter.* Abgerufen am 20. Juni 2020 von Universitätsbibliothek der TU München: http://nbn-resolving.de/urn/resolver.pl?urn:nbn:de:bvb:91-diss2004020318874

Janda, V. (2000). *Manuelle Muskelfunktionsdiagnostik* (4. Auflage Ausg.). München: Urban und Fischer.

Lindel, K. (2010). *Muskeldehnung* (2 Ausg.). Heidelberg: Springer.

Marschall, F. (1999). Wie beeinflussen unterschiedliche Dehnintensitäten kurzfristig die Veränderung der Bewegungsreichweite? *Deutsche Zeitschrift für Sportmedizin , 50* (1), S. 5-9.

Rancour, J., Holmes, C., & Cipriani, D. J. (November 2009). The Effects of Intermittent Stretching Following a 4-Week Static Stretching Protocol: A Randomized Trial. *Journal of Strength and Conditioning Research , 23* (8), S. 2217-2222.

Walker, B. (2012). *Anatomie des Stretchings.* München: riva Verlag.

Wiemeyer, J. (2002). Dehnen - eine sinnvolle Vorbereitungsmaßnahme im Sport? *Spectrum der Sportwissenschaften , 14* (1), S. 53-80.

Zägelein, W. (2013). *Move for Life: Gesund durch Bewegung.* Heidelberg: Springer Verlag.

7 Abbildungs- und Tabellenverzeichnis

7.1 Tabellenverzeichnis